Soweit nicht anders angegeben, sind die zitierten Bibelverse folgender Übersetzung entnommen:
Elberfelder Bibel
© 1985/1991/2006 SCM R.Brockhaus im SCM-Verlag GmbH & Co. KG, Witten

Außerdem wurden folgende Übersetzungen verwendet:
Hoffnung für alle® (Brunnen Verlag Basel und Gießen), Copyright © 1983, 1996, 2002 by International Bible Society®.
Verwendet mit freundlicher Genehmigung des Verlags. (HFA)
Neues Leben. Die Bibel, © 2002 und 2006 SCM R.Brockhaus im SCM-Verlag GmbH & Co. KG, Witten. (NLB)
Lutherbibel, revidierter Text 1984, durchgesehene Ausgabe in neuer Rechtschreibung, © 1999 Deutsche Bibelgesellschaft, Stuttgart. (LUT)

Fotos: © Shutterstock

Zitat von Henri Nouwen aus: Henri J. M. Nouwen, Nimm sein Bild in dein Herz. Geistliche Deutung eines Gemäldes von Rembrandt, © Verlag Herder Freiburg im Breisgau 1991, S. 133-136.
Die Frucht des Geistes ist ... Treue (S. 48) aus: Noor van Haaften, Wenn du dich nur noch machtlos fühlst, Brunnen Verlag 2008.
Gott will uns Freundschaften geben (S. 51) aus: Noor van Haaften, Wenn du dich nur noch machtlos fühlst, Brunnen Verlag 2008.

© 2010 SCM Collection im SCM-Verlag GmbH & Co. KG, Witten
Gesamtgestaltung: Miriam Gamper, Essen, www.dko-design.de
Druck: dimograf, Polen
ISBN 978-3-7893-9408-9
Bestell-Nr. 629.408

NOOR VAN HAAFTEN

Der Geschmack des Glaubens

DIE FRUCHT DES GEISTES ENTDECKEN

SCM Collection

VORWORT

Als ich damit anfing, Texte für diesen Bildband zu schreiben, begann gerade der Frühling. Die Schneeglöckchen in meinem Garten waren verblüht und die Narzissen hatten ihren Glanz verloren, da steckten schon die Tulpen ihre Köpfe aus der Erde und stellten ihre Pracht zur Schau. An den Obstbäumen kamen zarte Blüten zum Vorschein.

In der breiten Holztür meines Esszimmers entdeckten Bienen kleine Löcher, die sie als Brutkasten für ihre Nachkommen in Beschlag nahmen. Als ich, unwissend, was das alles zu bedeuten hatte (und besorgt um meine Tür), unseren alten Ortsimker anrief und die Bienen und ihr Verhalten beschrieb, freute er sich riesig. Ob ich auf der Terrasse auch Blütenstaub gesehen hätte? Ja, das hatte ich, und zwar haufenweise! „Dann warten Sie noch ein bisschen“, sagte der weise Imker. „In etwa drei Wochen schlüpft aus jedem Loch in ihrer Holztür eine einzelne Biene. Und die brauchen wir dringend für die Bestäubung der Obstbäume und -sträucher!“ Er erklärte mir auch noch, dass die Bienenvölker auszusterben drohen und unseren Schutz dringend benötigen.

Während ich in meinem Arbeitszimmer weiterschrieb, wurde in der Holztür neues Leben vorbereitet. Auf der Terrasse flogen Bienen auf und ab. Es geschah etwas Wichtiges, das war mir inzwischen klar. Wie gut, dass mich der alte Imker aufgeklärt hatte, sonst hätte ich einen wichtigen Prozess voreilig beendet!

Eines Tages waren die Löcher verlassen und meine Terrasse war wieder bienenfrei. Im Garten sah es inzwischen anders aus. Die meisten Blüten waren verschwunden, zartes Obst hatte zu reifen begonnen. Ich war beim Schreiben schon etwas weitergekommen, als ich meine Sträucher abernten konnte: rote Johannisbeeren und Heidelbeeren. Eines Abends wurde Marmelade gekocht, die ich in der Nachbarschaft verteilte.

Schließlich, als ich dieses Buch fertigstellte, waren an den Obstbäumen die Äpfel und Birnen reif und konnten geerntet werden. Kurz vor Manuskriptabgabe reiften am Edelkastanienbaum, sicher eingepackt in ihren dornigen Hüllen, die Esskastanien.

Die Natur ist ständig in Bewegung. Von einer unsichtbaren Hand gelenkt und beschenkt mit dem, was sie zum Leben und Blühen braucht, bringt jede Pflanze ihre Frucht zu ihrer Zeit. Dieselbe unsichtbare Hand will Menschen segnen und zu ihrer Bestimmung bringen. Auch wir, die Krone der Schöpfung Gottes, sind dazu berufen, zur Blüte zu kommen und Frucht zu tragen. Die schönste Frucht ist die, die Gottes Geist in uns wachsen lässt – die Gesinnung Christi: Liebe, Freude, Friede, Geduld, Freundlichkeit, Güte, Treue, Sanftmut und Selbstbeherrschung.

Um diese Dinge geht es in diesem Buch. Ich wünsche mir, dass die Texte und die Bilder dieses Bildbandes Ihnen zum Segen werden und dass Sie Geschmack bekommen, und zwar auf mehr von Jesus in Ihrem Leben. Ich wünsche mir, dass Gott uns das schenkt: dass die Frucht des Geistes in uns reift. Er möge uns segnen und zum Segen machen.

Noor van Haaften

Frucht bringen

„Wer in mir bleibt und ich in ihm, der bringt viel Frucht", sagt Jesus. Und dann kommt es: „Denn getrennt von mir könnt ihr nichts tun." Das bedeutet praktisch (und das ist für mich eine Erleichterung!), dass nicht ich die Frucht von mir aus bringen muss. Und dass das auch nicht erwartet wird. Meine Berufung ist es, mit Jesus zu wandeln und mich danach auszustrecken, dass die Verbundenheit mit ihm zunimmt. Das junge Mädchen, das Gott gebrauchte, um mich zu ihm zu führen, wusste und ahnte nicht, dass ihr Leben auf diese Weise Frucht bringen würde. Wir waren beide neunzehn und teilten ein Zimmer bei einer Studentenfreizeit. Sie war gläubig, ich nicht. Sie war schwerbehindert, ich dagegen gesund. Von ihrem Gottesvertrauen wie von ihrem Wesen, ihrem Frieden, ihrer Freude war ich tief beeindruckt. Ich, die ich laufen und springen konnte, merkte durch dieses behinderte Mädchen, dass mir etwas Wesentliches fehlte. Das, was sie hatte, weckte in mir einen inneren Durst, den nur Gott stillen kann. Es ist schon Jahre her und ich weiß nicht, was aus diesem besonderen Mädchen geworden ist. Ich danke Gott aber für sie wie für die vielen anderen, die durch ihr Leben und Wesen vermitteln, dass ein Leben mit Gott gut ist.

Hierin wird mein Vater verherrlicht, dass ihr viel Frucht bringt.

Johannes 15,8

Herr, schenke, dass ich lerne,
mit, in und aus dir zu leben.
in Verbundenheit,
in Abhängigkeit,
in Gehorsam.

Schenke, dass Menschen etwas
von dir in mir sehen,
die Frucht deines Geistes:
Liebe für andere Menschen,
inneren Frieden,
beständige Freude,
Treue und Geduld,
Güte, Milde und Freundlichkeit,
Selbstbeherrschung,
damit du verherrlicht wirst.

Amen.

Bleibe in mir ...

Alles, was die Rebe tun muss, ist, am Weinstock zu bleiben und sich von seinem Lebenssaft zu ernähren. So ist es auch meine Aufgabe, oder eigentlich Berufung, in Verbundenheit mit Jesus zu leben. Er ist die Quelle, aus der wir schöpfen dürfen. In dem Maß, in dem wir lernen und üben, aus ihm zu leben, reift die Frucht des Geistes in uns.

Die Frucht, die der Heilige Geist in uns wirken möchte, bezieht sich auf unser Inneres oder unser Wesen. Wer sagt: „Ich war immer schon ungeduldig und explosiv, da lässt sich nichts ändern, so bin ich nun einmal veranlagt“, betrübt den Heiligen Geist. Denn obwohl das Temperament eines Menschen zum Teil genetisch bedingt ist und alte Gewohnheiten fest in uns verankert sein können, ist es nicht so, dass wir unserer Veranlagung oder unseren Verhaltensweisen willenlos ausgeliefert sind. Der Heilige Geist will uns erneuern und verändern. Er ist die Kraft Gottes in uns!

Für Gott ist nichts unmöglich

Es ist unglaublich schön, wenn Jähzorn der Geduld weicht; wenn der, den man als unfreundlich kennenlernte, plötzlich milde Worte zu sprechen weiß; wenn Freude und Dankbarkeit siegen über Negativität.

Es ist unglaublich schön, wenn der alte Mensch immer mehr in den Hintergrund gedrängt wird und der neue kräftig zum Vorschein kommt.

Fülle

Der Sommer ist eine Zeit der Fülle – die Wiesen sind geschmückt mit ihrer bunten Blumenpracht, die Felder sind voller Lavendel, Sonnenblumen und Raps. Die Zweige der Obstbäume beugen sich unter dem Gewicht reifender Früchte.

Mit dem Fahrrad fahre ich zum „Kirschbauern" in unserem Ort und fülle meinen Korb mit süßen, roten Kirschen. Beim Nachbarn darf man sich Erdbeeren holen. Im eigenen Garten kämpfen die Vögel und ich um die Johannisbeeren und Heidelbeeren.

Fülle, das erlebte auch das Volk Gottes, als die Kundschafter aus dem Gelobten Land zurückkehrten (siehe 4. Mose 13). Sie brachten Trauben, Granatäpfel und Feigen mit. Diese Früchte waren so üppig, dass zwei Männer zusammen eine Weinranke tragen mussten. Eine klare Botschaft! Und eine Einladung Gottes an seine Kinder, die gerade eine Reise in der Wüste hinter sich hatten: „Ich habe Gutes für euch vorbereitet. Seht euch das an, dann macht euch auf, um dieses Leben und diese Fülle in Besitz zu nehmen!"

Leben und Fülle (oder: Überfluss), das verspricht uns auch Jesus in Johannes 10,10. Wer seine Liebe erkennt und kennenlernt, wird allmählich erfüllt werden von allem, was der Sohn Gottes ist und verspricht.

Möge das Jahr dich
mit seinen Geschenken beglücken;
mit dem Veilchen des Frühlings,
mit dem Bienengesumm des Sommers
und den rotwangigen Äpfeln des Herbstes.
Der Winter aber schenke dir
die Früchte der Stille für die Seele.

Irischer Segenswunsch

Es freue sich der Himmel, und es frohlocke die Erde!
Und man sagt unter den Nationen:
Der Herr ist König!
Es brause das Meer und seine Fülle!
Es frohlocke das Feld und alles, was darauf ist!

1. Chronik 16,31-32

Tiefe *Wurzeln*

Gesegnet ist der Mann,
der auf den Herrn vertraut
und dessen Vertrauen der Herr ist!
Er wird sein wie ein Baum,
der am Wasser gepflanzt ist
und am Bach seine Wurzeln ausstreckt
und sich nicht fürchtet,
wenn die Hitze kommt.
Sein Laub ist grün,
im Jahr der Dürre ist er unbekümmert,
und er hört nicht auf,
Frucht zu tragen.

Jeremia 17,7-8

Denn bei Dir ist der Quell des Lebens.

Psalm 36,10

Ich werde wie ein Baum sein, dessen Wurzeln bis zum Wasser reichen und dessen Zweige vom Tau erfrischt werden.

Hiob 29,19; NLB

Der *Gärtner*

In unserem Herzen bereitet der Geist Gottes den Boden vor, auf dem Neues wachsen und gedeihen kann. Der himmlische Gärtner sät und pflanzt dort. Er düngt mit göttlicher Liebe, gießt und lockert die Erde auf. Er schneidet und jätet. Er entfernt die Dinge, die einem gesunden Wachstum und köstlichen Früchten im Wege stehen. Dieser Prozess dauert ein Menschenleben lang und fordert unseren persönlichen Einsatz. Gott wird das, was er in uns angefangen hat, fortsetzen, bis Jesus wiederkommt. Aber er tut das nicht ohne uns: Unsere innere Erneuerung und Veränderung brauchen unser ganzes Ja!

Er will uns segnen und zum Segen machen.

Nach 1. Mose 12,2

Es gibt Menschen, bei denen Gottes Botschaft nicht ankommt; andere freuen sich über sie, aber haben keine Wurzeln; sie glauben, solange es ihnen gut geht, halten aber nicht stand, wenn es schwierig wird. Bei wieder anderen kommt nichts zur Reife, weil sie von Sorgen, Reichtum und Vergnügungen erdrückt werden.

Gottes Botschaft braucht eine gute Erde, um zu gedeihen. Jesus sagt: „Das sind die, welche in einem redlichen und guten Herzen das Wort, nachdem sie es gehört haben, bewahren (oder: hegen) und Frucht bringen mit Ausharren."

Aus dem Gleichnis vom Sämann, Lukas 8,11-15

Fuchsjagd

Der Weingärtner freut sich, wenn seine Weinstöcke es „verstehen“, Weinstock zu sein. Wenn sie tiefe Wurzeln haben und sich dem Licht zuwenden. Wenn sie es zulassen, dass auch einmal etwas weggeschnitten wird, dass eine Ranke umgebogen und in eine andere Richtung gelenkt wird. Und das alles, damit Frucht kommt.

Der Weinberg ist Gefahren ausgesetzt. Hagel oder Frost und Ungeziefer können Schaden anrichten. In biblischen Zeiten (und vielleicht auch heute noch) waren es Füchse, die die Weinberge gefährdeten. Während die Winzer ihr Land bearbeiteten und ihre Weinstöcke hegten und pflegten, gruben diese Tiere unter dem Weinberg ihre Gänge und Höhlen. Sie fraßen die Wurzeln der Weinstöcke an und wühlten den Untergrund auf, wodurch der Weinberg instabil wurde und zusammenzustürzen drohte. Jahrelange Arbeit konnte auf diese Weise auf einen Schlag vernichtet werden.
Diese Füchse waren Saboteure. Sie untergruben das Werk des Weingärtners. Und das Schlimme war: Da sie unterirdisch aktiv waren, war ihre zerstörerische Arbeit nicht direkt sichtbar oder spürbar.

Kleine Füchse sind süß. Es kommt immer wieder vor, dass Jäger der Versuchung nicht widerstehen können, sie am Leben zu lassen, und sie mit nach Hause nehmen, um sie dort als Haustiere großzuziehen. Eines Tages aber kommt ihr wahres Wesen zum Vorschein und man entdeckt, dass man Raubtiere aufgenommen hat.

Für das Reich Gottes gilt dasselbe: Wenn „Ungeziefer“ nicht rigoros entfernt wird, geht vieles kaputt. Im Hohelied 2,15 sagt Salomo: „Fangt uns doch die kleinen Füchse, denn sie verwüsten den Weinberg“ (HFA). Unsichtbare Mächte und Kräfte kämpfen dagegen an, dass Gottes Werk sichtbar wird in reifer und reicher Frucht. Kleine Füchse untergraben das, was in uns gesät wurde und zur Blüte kommt. Am liebsten agieren sie im Schatten. Sie nisten sich in den dunklen Ecken unseres Herzens ein und wühlen dort den Boden auf. Sie nagen an den Wurzeln unseres inneren Friedens, sie untergraben unsere Freude. Wenn wir sie nicht entfernen, gibt es keine Frucht.

Die Füchse haben Namen. Sie heißen Ungeduld, Lieblosigkeit, Jähzorn, Rache, Eifersucht. Sie präsentieren sich als Freunde und flüstern uns ein, dass wir uns rächen müssen, dass unser Jähzorn gerechtfertigt ist, dass der andere unsere Untreue verdient hat. Weil wir das gerne hören, nehmen wir die Füchse auf. Aber irgendwann entdecken wir, dass nicht wir die Füchse haben, sondern sie uns!

Lassen Sie uns den Heiligen Geist immer wieder darum bitten, die „Füchse“ in unserem Leben aufzudecken und uns dabei zu helfen, sie zu entfernen. Damit die guten Früchte reifen können. Damit Gutes und Heilsames geerntet werden können, und zwar im Überfluss: Liebe, Freude, Friede, Langmut, Freundlichkeit, Güte, Treue, Sanftmut, Selbstbeherrschung.

Erforsche mich, Gott, und erkenne mein Herz, prüfe mich
und erkenne meine Gedanken.
Zeige mir, wenn ich auf falschen Wegen gehe, und führe mich
den Weg zum ewigen Leben.

Psalm 139,23-24; NLB

Eine *himmlische* Frucht

Ich habe mir die Frucht des Geistes – Liebe, Freude, Friede, Geduld, Freundlichkeit, Güte, Treue, Sanftmut und Selbstbeherrschung – immer wie ein Stillleben auf einem alten Gemälde vorgestellt: eine wunderschöne Schale mit einer Birne, Weintrauben, ein paar Pflaumen, Kirschen oder Johannisbeeren, einem Pfirsich. Das Ganze ist eine wahre Augenweide, eine Einladung, davon zu nehmen, zu kosten, zu genießen.

Paulus aber spricht von *einer* Frucht. Diese ist einzigartig in ihrer Vielfältigkeit. Man könnte das mit einer Weintraube vergleichen, die aus vielen kleinen Weinbeeren besteht. Man kann jede für sich nehmen und für sich genießen, denn sie hat etwas Eigenes. Trotzdem erkennt man am Geschmack und am Geruch: Alle Beeren gehören zu derselben Frucht.

Die neunfache Frucht des Geistes ist eine himmlische Frucht. Es ist gut und heilsam, sie zu schmecken. Zum Beispiel, wenn man Liebe erfährt oder Geduld. Wenn man spürt, dass jemand freundlich ist. Wenn man Treue begegnet, obwohl man eigentlich nicht mehr damit rechnet.

Vor zweitausend Jahren hat Jesus Menschen von dieser guten Frucht kosten lassen. Er hatte alle Eigenschaften, die Paulus beschreibt: Er war und lebte Liebe, Freude, Friede, Geduld, Freundlichkeit, Güte, Treue, Sanftmut und Selbstbeherrschung. Man spürte seine Liebe in seiner bedingungslosen Annahme von all denen, die ihn suchten. In der Zeit, die er für sie einräumte, in seinen Worten voller Gnade und Vergebung. In seiner Großzügigkeit. Man sah seine Sanftmut, als er die Füße seiner Jünger wusch. Es ist kein Wunder, dass Menschen Jesus begegnen wollten. Es tat unheimlich gut, in seiner Nähe zu sein.

Wie großartig, wie überwältigend ist das, was Gott mit uns vorhat: Er möchte, dass Menschen seinen Sohn in uns spüren! Dass er sein Wesen durch uns sichtbar machen kann.

Lassen Sie uns ausstrecken nach der Frucht des Geistes in unserem Leben!

Das Höchste ist die Liebe, damit hängt alles andere zusammen.

Nach 1. Korinther 13,13

Habt diese *Gesinnung* in euch, die auch in *Christus* Jesus war …

Philipper 2,5

Das eben ist der Liebe *Zaubermacht*, dass sie veredelt,
was ihr *Hauch* berührt, der *Sonne* ähnlich, deren goldner *Strahl*
Gewitterwolken selbst in *Gold* verwandelt.

Franz Grillparzer

Die Frucht des Geistes ist ... Liebe

Wenn ich in den Sprachen der Menschen und der Engel rede,
aber keine Liebe habe,
so bin ich ein tönendes Erz geworden oder eine schallende Zimbel.
Und wenn ich Prophetengabe habe
und alle Erkenntnis weiß,
und wenn ich allen Glauben habe,
sodass ich Berge versetze,
aber keine Liebe habe,
so bin ich nichts.
Und wenn ich alle meine Habe zur Speisung der Armen austeile
und wenn ich meinen Leib hingebe, damit ich Ruhm gewinne,
aber keine Liebe habe,
so nützt es mir nichts.

Die Liebe ist langmütig,
die Liebe ist gütig,
sie neidet nicht,
die Liebe tut nicht groß,
sie bläht sich nicht auf,
sie benimmt sich nicht unanständig,
sie sucht nicht das Ihre,
sie lässt sich nicht erbittern,
sie rechnet Böses nicht zu,
sie freut sich nicht über die Ungerechtigkeit;
sondern sie freut sich mit der Wahrheit,
sie erträgt alles,
sie glaubt alles,
sie hofft alles,
sie erduldet alles.

Die Liebe vergeht niemals;
seien es aber Weissagungen, sie werden weggetan werden;
seien es Sprachen, sie werden aufhören;
sei es Erkenntnis, sie wird weggetan werden.

Nun aber bleibt Glaube, Hoffnung, Liebe, diese drei;
die Größte aber von diesen ist die Liebe.

aus 1. Korinther 13

Schweigst du, so schweige aus Liebe; sprichst du, so sprich aus Liebe;
tadelst du, so tadle aus Liebe; schonst du, so schone aus Liebe!
Lass die Liebe in deinem Herzen wurzeln,
und es kann nur Gutes daraus hervorgehen!

Augustinus

Von *Liebe* umgehauen

Er war Monteur. Ein junger Kerl, den Kopf glatt rasiert, in beiden Ohren Ohrringe, die Arme tätowiert. Er sollte bei einer Familie den Kachelofen reparieren. Weil es mit der Lieferung der benötigten Ersatzteile nicht direkt klappte, musste er ein paar Mal kommen.

Am letzten Tag, beim Kaffeetrinken in der Küche, machte er auf einmal große Augen, als er auf der Anrichte eine Bibel liegen sah.

„Seid ihr vielleicht auch Christen?“, fragte er. Die Frau des Hauses nickte. „Ja, das sind wir.“ Sie war überrascht und auch ein wenig peinlich berührt, denn sie hatte das überhaupt nicht erwartet bei diesem Menschen, der so … „anders“ aussah.

Der junge Mann begann begeistert zu erzählen: „Ich hatte nichts zu tun mit Gott und so“, sagte er. „Ich lebte mit meiner Freundin bei ihren Eltern. Wir waren abends meistens unterwegs mit Freunden, saßen bis nach Mitternacht in der Kneipe oder hielten uns sonst wo auf. Es wurde oft zu viel getrunken, wir hatten auch mal Probleme …“ Er hielt kurz inne, dann fuhr er fort. „Meine Freundin hatte dann einen anderen, also bin ich bei ihren Eltern ausgezogen. Ich fühlte mich unglaublich elend und wusste nicht direkt weiter. In der Zeit hat mich ein Kollege gefragt, wie es mir gehe. Als ich ihm erzählte, wie es bei mir lief, hat er nicht viel gesagt. Aber am nächsten Tag sagte er mir, dass er mit seiner Frau gesprochen habe und dass ich bei ihnen wohnen könne. Ich fand das schon seltsam, denn ich kannte diesen Menschen eigentlich überhaupt nicht, aber ich brauchte eine Unterkunft …“

Er stand auf, lief zur Anrichte und nahm die Bibel in seine Hand. „Mein Kollege wohnte in einem ordentlichen Reihenhäuschen, hatte eine Frau und zwei Kinder“, sagte er. Er fuhr fort, mit einem schiefen Lächeln: „Mann, o Mann, das war ein Schock, so was hatte ich noch nie erlebt! Und sie hatten wahrscheinlich noch keinen wie mich erlebt. Aber es ging. Ehrlich gesagt, es war überhaupt nicht schlecht, es gefiel mir sogar. Bei ihnen wurde nicht geschrien, ich musste mich nicht verteidigen, die schienen mich einfach so zu akzeptieren, sogar gern zu haben. Das hat mich total umgehauen.“

Er legte die Bibel auf den Tisch und sagte dann: „Dass mein Kollege gläubig war, war mir nicht so bewusst gewesen. Und wenn ich es gewusst hätte, hätte es mir nichts bedeutet und mich auch nicht interessiert. Aber als er mir sagte, dass ich bei ihm wohnen konnte …! Würden Sie so etwas tun?“ Ohne auf die Antwort zu warten, fuhr er fort: „Bei diesen Leuten war eben alles anders. Sie redeten miteinander. Und sie beteten vor dem Essen und gingen sonntags in die Kirche. Ich schlief dann aus, das war für sie okay. Das Ganze ging mir irgendwie unter die Haut. Ich muss sagen, es war einfach cool, wie sie lebten und wie sie Gott vertrauten. Irgendwann habe ich dann mal locker nachgefragt, warum sie so waren. Und so … bin ich auch Christ geworden.“

Es war still in der Küche. Der Monteur trank seinen kalt gewordenen Kaffee aus, setzte seine Baseballkappe auf und stand auf. Er nahm seinen Werkzeugkasten in die Hand. „Der Kachelofen sollte jetzt in Ordnung sein. Wenn nicht, dann rufen Sie einfach an!“ Mit einem Gruß war er verschwunden.

An ihren Früchten werdet ihr sie erkennen.

Matthäus 7,16

Die Frucht des Geistes ist ... *Freude*

Feiern gehört zum Reich Gottes. Gott bietet nicht nur Vergebung, Versöhnung und Heilung, sondern er will diese Gaben zu einer Quelle der Freude steigern bei allen, die das erfahren.

Wozu ich eingeladen bin, ist, in diese Freude einzutreten. Es ist die Freude Gottes, nicht die Freude, wie die Welt sie gibt. Es ist die Freude, zu sehen, wie ein Kind nach Hause wandert – mitten durch Zerstörung, Verwüstung und Ängste der Welt. (…)

Es besteht kein Zweifel, dass der Vater (im Gleichnis des verlorenen Sohnes; Anmerkung der Autorin) ein verschwenderisches Fest will. Das Mastkalb, das für eine ganz besondere Gelegenheit gehalten wird, wird geschlachtet; das zeigt, wie sehr der Vater alles aufbieten möchte, um seinem Sohn ein Fest zu geben, wie es noch nie gefeiert wurde. Seine überschwängliche Freude ist offensichtlich. Nachdem er seine Anweisungen gegeben hat, alles fertigzumachen, ruft er aus: „Wir wollen ein Fest feiern, denn dieser mein Sohn war tot und lebt wieder; er war verloren und ist wiedergefunden", und unverzüglich fangen sie an, fröhlich zu feiern. Da sind Speisen in Fülle, da ist Musik und Tanz, und der fröhliche Lärm des Festes ist noch weit weg vom Haus zu hören.

Henri Nouwen

Ich habe deine Verbrechen ausgelöscht wie einen Nebel
und wie eine Wolke deine Sünden. Kehre um zu mir, denn ich habe dich erlöst!
Jubelt, ihr Himmel, denn der Herr hat es getan! Jauchzt, ihr Tiefen der Erde!
Brecht in Jubel aus, ihr Berge, du Wald und all ihr Bäume darin!

Jesaja 44,22-23

Freut euch im Herrn allezeit!

(Philipper 4,4)

Selbstverständlich erleben wir Freude in menschlichen Beziehungen, bei Erlebnissen oder besonderen Errungenschaften, doch sie ist unvollkommen und zerbrechlich. Die Freude, die wir in Jesus finden, beruht auf der Gewissheit, dass wir geliebte Kinder Gottes sind, deren Gestern, Heute und Morgen fest und sicher in seinen Händen liegen.

Gott ist der Ursprung und der Heilige Geist der Vermittler von beständiger Freude und Hoffnung. Er will seine Kinder nicht nur füllen, sondern erfüllen mit „aller Freude und allem Frieden im Glauben“. Er will uns „überreich“ machen „in der Hoffnung durch die Kraft des Heiligen Geistes“ (Römer 15,13).

Seid nicht bekümmert,
denn die Freude am Herrn, sie ist euer Schutz.

Nehemia 8,10

Denn in Freuden werdet ihr ausziehen und in Frieden geleitet werden.
Die Berge und die Hügel werden vor euch in Jubel ausbrechen,
und alle Bäume des Feldes werden in die Hände klatschen.

Jesaja 55,12

Wie *köstlich* ist deine Gnade, Gott! und Menschenkinder
bergen sich in deiner Flügel Schatten; sie *laben* sich am Fett deines Hauses,
und mit dem *Strom* deiner Wonnen tränkst du sie. Denn bei dir
ist der *Quell* des Lebens; in deinem Licht sehen wir das *Licht.*

Psalm 36,8-10

Freude – ein Geschenk Gottes

Freude als Frucht des Geistes ist ein großes Geschenk Gottes. Sie unterscheidet sich von Fröhlichkeit, weil sie nicht abhängt von netten, lustigen Erfahrungen oder positiven Umständen. Die Freude, die Gott uns schenkt, kann sogar im Leid bestehen.

Fröhlichkeit braucht einen Anlass, sie wird sozusagen angesteckt und steckt dann auch andere an. Sie ist das Wasser im Whirlpool, das zu sprudeln beginnt, wenn man den Schalter umlegt. Man freut sich über die Lebhaftigkeit des Wassers, man fühlt sich wohl und genießt die Badezeit. Wenn man aber aus dem Wasser heraus ist, hält das fröhliche Gefühl nicht unbedingt an und der Alltag holt einen wieder ein.

Die Freude, die Gott uns schenkt, muss nicht in Bewegung gesetzt werden. Sie ist beständig, denn Gott selbst ist ihre Quelle. Der Mensch, der Gott kennt, ist wie ein Baum, gepflanzt an den Wasserbächen, dessen Laub nicht verwelkt. Er ist wie eine Traube, die sich ernährt vom Lebenssaft des Weinstocks.

Das meint Paulus, wenn er sagt: „Freut euch im Herrn!“ (Philipper 3,1 und 4,4).

Die Freude des Herrn bleibt auch im Leiden bestehen. Dort, wo der Weg schwer ist und Trauer das Herz beklemmt, kann ich aufatmen, weil ich weiß, dass Gott dabei ist und mich trägt. David sagt es so: „Ich freue mich und bin fröhlich über deine Güte; du stellst meine Füße auf weiten Raum“ (aus Psalm 31,8-9; LUT).
Es ist Gottes Verlangen, dass wir immer mehr von seiner Freude erfüllt und damit auch gestärkt werden.

Siehe, Gott ist mein Heil, ich bin voller Vertrauen und fürchte mich nicht. Denn der Herr ist meine Stärke und mein Loblied. Und mit Freuden werdet ihr Wasser schöpfen aus den Quellen des Heils.

Aus Jesaja 12,2-3

Das Volk, das im Dunkeln lebt, sieht ein großes Licht.
Die im Land der Finsternis wohnen, Licht leuchtet über ihnen. Du vermehrst den Jubel,
du machst die Freude groß. Sie freuen sich vor dir, wie man sich freut in der Ernte,
wie man jauchzt beim Verteilen der Beute.

Jesaja 9,1-2

Die Frucht des Geistes ist ... *Frieden*

Sie sind zusammengekommen und haben sich eingesperrt. Jetzt sitzen sie da. „Hast du die große Tür wirklich gut verriegelt?“, fragt einer den anderen. „Sollten wir sie nicht vielleicht auch noch verbarrikadieren, den Tisch davorstellen, damit ...?“ – „Haltet den Mund“, brummt ein Dritter. „Ihr macht uns nur noch mehr Angst. Wir können eben nichts anderes tun, als abzuwarten. Die Türen sind so gut versperrt, wie es nur geht.“

Es wird still, alle schweigen. Dann meldet sich wieder einer: „Wäre es nicht besser gewesen, wir hätten Jerusalem verlassen? Auf dem Land wären wir vielleicht sicherer gewesen ...?“ „Das ist doch sinnloses Gerede“, poltert jemand los. „Hört auf damit! Dieses ‚hätten wir nur‘ oder ‚was wäre gewesen, wenn ...‘ bringt uns auch nicht weiter.“
Die Angst ist spürbar anwesend, sie füllt den Raum.

Auf einmal ist er da – der Auferstandene in ihrer Mitte. Nichts kann ihn zurückhalten – kein Grab, keine Menschen, keine verschlossenen Türen, keine Angst oder Verzweiflung. Sie, seine Jünger, haben sich zurückgezogen, er, der Sohn Gottes, sucht sie auf und begrüßt sie. Mit vier Worten: „Friede sei mit euch!“

„Friede sei mit euch!“, das sagt Gott uns auch heute. Sein Shalom ist eine sichere Umhüllung, ein fester Boden unter unseren Füßen und ein Dach über unserem Kopf. Er ist ein Zuhause für unser unruhiges Herz.

Und der Friede des Christus regiere in euren Herzen!

Kolosser 3,15

Frieden lasse ich euch, meinen *Frieden* gebe ich euch;
nicht wie die Welt gibt, gebe ich euch.
Euer *Herz* werde nicht bestürzt, sei auch nicht furchtsam.

Johannes 14,27

Tiefer *Friede*

Tiefen Frieden der rauschenden Wellen wünsche ich dir.
Tiefen Frieden der wehenden Luft wünsche ich dir.
Tiefen Frieden der lächelnden Sterne wünsche ich dir.
Tiefen Frieden der stillen Erde wünsche ich dir.
Tiefen Frieden der wachenden Hirten wünsche ich dir.
Tiefen Frieden durch den Sohn des Friedens wünsche ich dir.

Irischer Segenswunsch

Und der *Friede* Gottes, der allen Verstand übersteigt,
wird eure *Herzen* und eure Gedanken bewahren in *Christus Jesus*.

Philipper 4,7

Die Frucht des Geistes ist ... *Langmut*

Gottes Geduld uns gegenüber übertrifft die Geduld, die wir mit unseren Mitmenschen haben, bei Weitem. Wenn unsere Geduld auf die Probe gestellt wird, wird es bei den meisten von uns nicht lange dauern, bis sich Ruhelosigkeit oder Frustration bemerkbar machen. Gottes Geduld dagegen ist von langer Dauer, er hält so einiges, ja sogar unvorstellbar vieles, aus.
„Barmherzig und gnädig ist der Herr“, sagt David in Psalm 103. „Er ist langsam zum Zorn und groß an Gnade.“

Langsam zum Zorn ... Bin ich das?
Dem Kind gegenüber, das sein Zimmer nie aufräumt und seine Schmutzwäsche überall verstreut? Der Freundin gegenüber, die grundsätzlich zu spät kommt und meinen Ärger darüber lachend übergeht? Den Gemeindegliedern gegenüber, die bei jedem Gottesdienst einen Grund zum Klagen finden? Dem Nachbarn gegenüber, der sein Auto mit einer erstaunlichen Hartnäckigkeit vor meiner Ausfahrt parkt?

Langsam zum Zorn ... Das bedeutet nicht, dass es keinen Zorn geben darf. Dass ich meine Wut herunterschlucken muss oder so tun muss, als wäre nichts geschehen. Es bedeutet, dass ich den Zorn aufhalten soll. Dass er nicht zu schnell kommen darf. Dass ich ... Geduld übe. Und dass der Zorn, wenn er dann kommt, nicht losbrüllt, sondern in Ruhe deutlich spricht. Ohne lieblos zu sein.

Groß an Gnade ... Bin ich das?
Dem Menschen gegenüber, der es nicht schafft, sein Versprechen einzuhalten? Der immer wieder sagt, dass es ihm leidtut und dass ab jetzt alles besser wird? Demjenigen gegenüber, der so viel Schaden angerichtet hat? Der gelogen und betrogen hat? Demjenigen gegenüber, der mich beleidigt oder verletzt hat?

Groß an Gnade ... Das bedeutet, dass ich anderen gegenüber nicht kleinlich bin, sondern großzügig. Gnade ist kein kleines Gerinnsel, sondern ein riesiger Fluss. Zuerst aber muss ich in der Gnade, die Gott mir erweist, untertauchen, damit mein Herz weich wird und ich die Menschen mit seinen Augen sehen kann.

Ein Hitzkopf schürt Zank und Streit, ein Geduldiger aber schafft Versöhnung.

Sprüche 15,18; HFA

Der Langmütige ist reich an Verständnis, aber der Jähzornige trägt Narrheit davon.

Sprüche 14,29

Zieht nun an … Geduld (Kolosser 3,12)

Geduld haben bedeutet, warten zu können. Auf Menschen, auf … Gott.

Geduld haben bedeutet, zuhören zu können.
Nicht gleich zu reagieren oder die eigene Meinung zu sagen,
sondern wirklich zu hören, was die andere Person sagen will.

Geduld haben bedeutet, einiges ertragen zu können.
Nicht gleich zu klagen, wenn wir enttäuscht sind,
nicht gleich zu protestieren, wenn uns etwas nicht gefällt,
nicht gleich loszubrüllen, wenn uns jemand beleidigt oder verletzt.

Geduld haben bedeutet, dass wir lernen, zu schweigen.

Geduld haben bedeutet, dass wir nicht zulassen,
dass die Liebe von einem Ärgernis verdrängt wird.

Geduld haben bedeutet, dem anderen gegenüber gnädig zu sein.

Geduld haben bedeutet, auszuharren, statt aufzugeben.

Geduld haben bedeutet, auf Gott zu vertrauen.

Geduld ist ein Baum, dessen Wurzel bitter ist,
aber dessen Frucht wirklich süß ist.

Persisches Sprichwort

Loslassen, Gott lassen

Während in unserer Gesellschaft Geschwindigkeit zählt und man möglichst keine Zeit verlieren will, sieht das bei Gott ganz anders aus. Warten zu können, ist in seinen Augen wesentlich und entscheidend. Denn gerade während des Wartens geschehen wichtige Dinge, sowohl im Himmel als auch in uns.

Ich muss lernen (und akzeptieren), dass Gott eine ganz andere Auffassung von Zeit hat als ich. Wir sind Menschen innerhalb der Zeit, er, der Gott der Ewigkeit, steht außerhalb von Raum und Zeit. Ich habe es oft eilig, er nicht. Wenn ich denke, dass sich „nichts bewegt", wenn der Himmel verschlossen zu sein scheint und eine Antwort ausbleibt, dann muss ich mir bewusst in Erinnerung bringen, dass Gottes Gedanken nicht meine Gedanken sind und dass seine Weisheit mein Denken total übersteigt. Der Himmel hat nie „geschlossen", es bewegt sich dort vieles, und zwar andauernd. Zu der von Gott bestimmten Zeit wird, was er vorbereitet hat, sichtbar werden. Nur so ist es gut, denn so muss es sein.

Geduldig auf Gott warten zu können, setzt voraus, dass wir ihm vertrauen: Wir schreiben Gott nicht vor, wie das eine oder andere geschehen oder aussehen soll. Wir lassen los, wir lassen Gott!

Vertrauen bedeutet, dass wir das Wagnis der Stille eingehen. Der Stille, die Gott Gott sein lässt. Der Stille, die mich verändert von einer abgehetzten Person zu jemandem, der bei ihm zur Ruhe gekommen ist. Der Stille, die Gott gebraucht, um meinen Charakter zu bilden, so wie er es bei Mose tat. Vierzig Wüstenjahre machten aus ihm einen demütigen Menschen, den Gott gebrauchen konnte.

Herr, lehre mich, meine Ungeduld abzulegen
und auf dich zu warten.
Nicht voller Spannung und Frustration,
sondern gespannt auf das, was du für mich vorbereitet hast
und was sichtbar werden wird, wenn du meinst,
dass die Zeit dafür reif ist
und ich auch …

Amen!

Geduld ist der Schlüssel zur Zufriedenheit.

Marie von Ebner-Eschenbach

Ich aber, ich will nach dem Herrn ausschauen,
will warten auf den Gott meines Heils; mein Gott wird mich erhören.

Micha 7,7

Die Frucht des Geistes ist … *Freundlichkeit*

Aus den etwa zehn Jahren, die David auf der Flucht vor Saul war, sind uns einige Geschichten bekannt. Eines dieser „Wüstenerlebnisse“ ist seine Begegnung mit Abigajil. Der Mann dieser Frau war ein schrecklicher Mensch. Abigajil dagegen machte ihrem Namen Ehre, sie war eine Freudenbotin. In einer äußerst delikaten Situation brachte ihre Freundlichkeit die positive Wende.
Nabal, der sehr vermögend war, hatte David beleidigt, da er ihn und seine Männer nicht bei sich empfing und ihnen zu essen gab. Nicht nur war Gastfreundlichkeit üblich (und durfte also erwartet werden), es war auch so, dass Davids Männer Nabals Schafhirten eine Zeit lang beschützt hatten. Eine freundliche Geste von Nabal wäre also angemessen gewesen. Nabal aber reagierte schroff und ablehnend auf die freundlichen Grüße und die höfliche Bitte von David, ihm und seinen Männern etwas von seinem reich gedeckten Tisch zu geben.

Als David erfuhr, wie Nabal reagiert hatte, war er außer sich. Ohne auch nur einen Moment zu zögern, machte er sich auf, um sich zu rächen. In 1. Samuel 25 sehen wir ihn und seine Männer schwer bewaffnet auf dem Weg zu Nabals Haus. David war fest entschlossen, nicht nur Nabal, sondern alle Männer, die zu ihm gehörten, umzubringen. Auge um Auge, Zahn um Zahn. Wenn mich jemand beleidigt oder verletzt, schlage ich zurück.

So weit kam es jedoch nicht. Als Abigajil von einem ihrer Knechte erfuhr, was los war, machte sie sich auf und ging David entgegen. Auch sie war „bewaffnet“; ihre Ausrüstung aber enthielt nur Gutes: Brot, Wein, Schafe, Röstkorn, Rosinen- und Feigenkuchen.
Anders gesagt: Die eine Partei wollte Genugtuung, die andere Versöhnung. Die eine Seite hatte Schlechtes im Sinne, die andere Gutes. Hier geht es um eine Wahl: Fluch oder Segen.

Als David und seine Männer Abigajil begegneten, rannte Abigajil David entgegen. Sie verneigte sich vor ihm und flehte ihn an, er möge auf seine mörderischen Pläne verzichten. Ihr Wesen und ihre Segensgeschenke waren wie Balsam für Davids Herz. Es kam nicht zum Mord, es kam nicht zur Sünde. Die Freundlichkeit Abigajils hatte den Hass Davids entschärft. Er sandte sie mit einem Friedenswunsch zurück.

Freundliche Worte sind wie Honig – süß für die Seele und gesund für den Körper.

Sprüche 16,24; NLB

Die Frucht des Geistes ist ... *Güte*

Als jemand Jesus mit „Guter Meister“ anredete, sagte Jesus ihm, dass nur Gott gut ist (siehe Lukas 18,19). Trotzdem wird über Barnabas, einen Leiter der ersten christlichen Gemeinde in Jerusalem, gesagt: „Er war ein guter Mann und voll Heiligen Geistes und Glaubens“ (Apostelgeschichte 11,24).
Barnabas stand zweimal mutig und entschlossen ein für jemanden, der abgewiesen worden war. Die erste Person war Paulus. Nach seiner Bekehrung stieß er auf starken Widerstand in der Gemeinde. Da man ihn als rücksichtslosen Christenverfolger kannte, war die Geschichte seiner dramatischen Bekehrung einfach zu schön, um wahr zu sein. Viele meinten, dass das alles nur eine Falle sei. In dieser Situation stand Barnabas auf und legte ein gutes Wort für Paulus ein. Man solle ihm glauben und ihn aufnehmen. Das geschah dann auch.
Die zweite Person, für die sich Barnabas starkmachte, war sein Verwandter Johannes Markus. Der Junge begleitete Paulus und Barnabas bei einer Missionsreise, vollendete sie aber nicht. Seine frühzeitige Rückkehr nach Jerusalem veranlasste Paulus dazu, den Jungen bei seiner nächsten Reise rigoros abzuweisen. Barnabas, der Johannes Markus eine neue Chance geben wollte, versuchte vergeblich, seinen Freund umzustimmen. Schließlich trennten sich die beiden Männer Gottes. Zwei neue Missionsteams entstanden: Barnabas nahm Johannes Markus mit, während Paulus in Silas einen neuen Reisegefährten fand.

Bei beiden Vorfällen steht jemand klar und deutlich ein für einen „Underdog“, der von Menschen verurteilt und abgelehnt wird. Doch es gibt jemanden, der ihm Gutes tun will. Oder: der ihm gnädig sein und eine neue Chance geben will.

Güte scheint hier verbunden zu sein mit Gnade. Womit Barnabas in Jesu Fußstapfen getreten ist.

Menschen sollen eure Güte und Freundlichkeit erfahren.

Philipper 4,5; HFA

Lebt nun auch als Kinder des Lichts!
Denn dieses Licht in euch bringt lauter Güte, Gerechtigkeit und Wahrheit hervor.

Epheser 5,8-9; NLB

In Gott *geborgen*

Schmecket und sehet, dass der Herr gütig ist.
Glücklich der Mann, der sich bei ihm birgt.

David in Psalm 34,9

Am Anfang von seinen zehn Wüstenjahren, als er auf der Flucht vor Saul war, rühmt David Gott wegen seiner Güte. Er ist dabei zu lernen, sich bei oder in Gott zu bergen. Nicht auf eigene Kraft oder Klugheit zu vertrauen, sondern seine Zuflucht bei Gott zu suchen. Oder, nach Psalm 91,1: im Schutz des Höchsten zu wohnen, im Schatten des Allmächtigen zu bleiben.

Drei Dinge schenkt uns Gott, wenn wir uns bei ihm bergen: Liebe, Sicherheit und Erfrischung. Diese sind der Boden, auf dem wir wachsen und gedeihen können. Und der Veränderung bringt! Wer sich geliebt und geborgen weiß, wagt es, zum Vorschein zu kommen mit seinen Schwächen und Sünden. Gott verurteilt uns nicht: In seiner Güte breitet er seine Flügel über uns aus, vergibt uns unsere Schuld, erquickt und erneuert uns. Er lädt uns ein, Menschen zu werden, an denen man sehen kann, dass Gott gut ist.

Der Herr ist mein Hirte, mir wird nichts mangeln.
Er lagert mich auf grünen Auen,
er führt mich zu stillen Wassern.
Er erquickt meine Seele.
Er leitet mich in Pfaden der Gerechtigkeit.
Nur Güte und Gnade werden mir folgen alle Tage meines Lebens.

Aus Psalm 23

Die Frucht des Geistes ist … *Treue*

Sie blieben,
als das Lachen verstummte
und Trauer unsere Gesichter furchte,
als es nur noch eine Geschichte gab,
immer dieselbe,
wieder und wieder:

von dem Jungen,
so fröhlich und begabt,
erinnert ihr euch,
erinnert ihr euch,
und dann …

Als andere,
die wir für treu gehalten hatten,
verschwanden, da blieben sie,
ihre Hände fest auf unseren Schultern.

In jenen Tagen
wurden wir hundert Jahre älter.

Und sie?
Sie bewahrten uns vor dem Untergang
im Sturm des Elends,
im Orkan der Trauer,
und durch sie
wussten wir:
Gott hatte uns nicht verlassen.

Riec Kolman
Die Autorin verlor ihren elfjährigen Sohn
durch einen Unfall in der Schule.

Gott begegnet uns in unseren Mitmenschen, in ihren barmherzig ausgestreckten Armen und Händen. Ja, das gibt es: dass wir bei einem anderen Menschen ein Stück Zuflucht finden, etwas von Gottes Wesen geoffenbart bekommen. Und auch wir selber können zur Zuflucht für andere werden – wenn wir in Gott unsere Zuflucht haben, im Gebet unsere eigene Not wie auch die unserer Mitmenschen vor seine Füße legen.

Treu sein …

Wie unendlich trostvoll muss es für Noomi gewesen sein, dass ihre Schwiegertochter Rut bei ihr blieb. Es wäre naheliegend gewesen, dass die junge Frau nach dem Tod ihres Mannes zu ihrer eigenen Familie zurückgekehrt wäre. Noomi, depressiv und verbittert, war nicht nur keine angenehme Gesellschaft für ihre Schwiegertochter, sie hatte Rut auch nichts zu bieten, denn ihre eigene Zukunft war unsicher. Trotzdem war Rut fest entschlossen, Noomi treu zu bleiben. Sie reisten gemeinsam von Moab nach Bethlehem. Dort nahm die junge Frau ihrer beider Leben in die Hand und sorgte für sie beide (siehe Rut 1–2).

Wie viel muss es Petrus bedeutet haben, als er entdeckte, dass viele Brüder und Schwestern in der Gemeinde ununterbrochen für ihn beteten, nachdem er verhaftet worden war. Die Menschen gingen nicht zur Tagesordnung über, sie waren erschüttert und versammelten sich, um für Petrus zu beten. Sein Leiden war ihr Leiden, sie verzichteten auf ihre Nachtruhe, sie setzten sich voll für ihn ein (siehe Apostelgeschichte 12).

Wie gut tat es Paulus, als ihn Onesiphorus „eifrig suchte“ und dann besuchte, als er sich im Gefängnis in Rom befand. Er war der Einzige, der Paulus in dieser Situation treu blieb. Die anderen in Asien ließen sich nicht mehr blicken. Aus Angst vielleicht oder weil sie sich für ihn (als Gefangenen) schämten? Aus Gleichgültigkeit? Wie es auch sei, als die Umstände immer grimmiger wurden, verschwanden Paulus' Freunde einer nach dem anderen (siehe 2. Timotheus 1,15-17).

Wie schmerzhaft muss es für Jesus gewesen sein, als einer seiner Freunde ihn für Geld verriet und ein anderer, der ihm kurz zuvor noch versichert hatte: „Ich werde dich nie verlassen, ich bleibe dir treu bis in den Tod“, dreimal aussprach: „Ich kenne ihn nicht.“
Und … wie überwältigend muss es für Petrus gewesen sein, als ihn Jesus nach seiner Untreue wieder voll annahm und ihm einen großen Dienst anvertraute (Lukas 22,33 und 54-62; Johannes 21,15-17).

Wie gut ist es, dass wir wissen dürfen, dass Gott treu ist, auch wenn wir untreu sind. „Er bleibt treu“, schreibt Paulus an Timotheus, „denn er kann sich selbst nicht verleugnen“ (2. Timotheus 2,13).
Treue gehört zu Gottes Wesen. Und das Wunder ist, dass er durch seinen Geist diese Gesinnung in seinen Kindern wachsen lassen will. Dass Menschen seine Treue widerspiegeln dürfen. Gott will uns Freundschaften geben, in denen wir ein Stückchen bedingungslose Liebe und Einssein, Treue und Zuverlässigkeit erfahren – und damit etwas spüren oder kosten von Gottes Wesen.

Glauben ist Ruhen in der Treue Gottes.

Hudson Taylor

Es wird immer wieder *gesagt …*

Es wird immer wieder gesagt
zu der Witwe beim Begräbnis ihres Mannes,
zu dem Mann, der nach einem Unfall im Rollstuhl sitzt
oder der seine Arbeitsstelle verloren hat.

Es wird immer wieder gesagt
zu der alleinerziehenden Mutter,
zu der alten Frau, deren Kinder ins Ausland gezogen sind,
zu dem Menschen, der sein Leben kaum bewältigen kann:

„Du darfst mit uns, mit mir rechnen,
wir lassen dich nicht im Stich, wir sind für dich da.
Wir rufen dich an, wir besuchen dich,
wenn du etwas brauchst, dann melde dich einfach."

Es wird immer wieder gesagt und es ist gut gemeint,
man hat wirklich vor, anzurufen, vorbeizuschauen,
bei der Gartenarbeit oder beim Umzug zu helfen
oder einzuladen, abzuholen, mitzunehmen,
treu zu sein …

Es wird immer wieder gesagt und es ist gut gemeint,
aber auch wirklich zu tun, was wir versprochen haben,
das ist gar nicht so einfach.

Möge uns der Geist Gottes helfen,
möge die Gesinnung Christi in uns wachsen,
dass wir lernen, anderen treu zu sein und somit zum Segen zu werden.

Gnade und Treue sollen dich nicht verlassen. Binde sie um deinen Hals,
schreibe sie auf deines Herzens Tafel!

Sprüche 3,3

Er goss Wasser in eine Schüssel und begann, seinen Jüngern die Füße zu waschen und mit dem Tuch abzutrocknen.

Johannes 13,5; HFA

Die Frucht des Geistes ist … Sanftmut

Es war bei einer großen christlichen Veranstaltung. Die Teilnehmer hatten ihre Zelte auf dem Feld aufgeschlagen, einige übernachteten im eigenen Wohnwagen oder anderswo. Wie jedes Jahr waren um die tausend Teilnehmer dabei. Und das für eine ganze Woche.

Sie war etwa 17 Jahre alt und hatte sich als Küchenhelferin angeboten, weil sie auf diese Weise eine Ermäßigung der Konferenzgebühr bekam. Beim Mittag- und Abendessen half sie im großen Essenszelt beim Austeilen der Mahlzeiten, danach beim Aufräumen und Abwaschen. Es war ihr anzusehen, dass ihr das nicht leichtfiel. Zwar konnte sie bei allen Veranstaltungen dabei sein, aber gerade in den Zeiten, wo nichts auf dem Programm stand und sich die Menschen auf dem Gelände oder im Konferenzcafé trafen, um zu plaudern, musste sie arbeiten. Sie fand es unangenehm und es war bitter für sie, zu sehen, dass die Jugendlichen nach dem Essen gemütlich herumhingen und ihren Spaß hatten, während sie den Küchendienst machen musste. Es war heiß und sie ärgerte sich über die schmutzigen Tische und die Teller, die Menschen halb voll hatten stehen lassen, statt die Reste – wie es die Regel war – in die großen Müllsäcke beim Eingang zu leeren.

Er hatte sie wahrgenommen und ihren Ärger gespürt. Er sah, dass es ihr kaum noch gelang, zu lächeln. Er sah, dass sie sich manchmal beherrschen musste, um nicht unfreundlich zu sein. Er sah hinter dem allen ihre Enttäuschung und spürte, dass sie neidisch war auf die Jugendlichen, die locker am Tisch saßen und miteinander blödelten, dann hinausgingen und sich in die Sonne setzten, Fußball spielten oder Musik machten.

Nach dem Abendessen am zweiten Tag stand er auf, sammelte die Teller, die stehen geblieben waren, und warf die Essensreste in den Mülleimer. Er holte sich ein Tuch und wischte die Tische ab, die er abgeräumt hatte. Auf ihr leises „Dankeschön" reagierte er mit: „Keine Ursache, gern geschehen!" Er freute sich, als er später sah, dass sie es noch geschafft hatte, sich kurz mit einigen Jugendlichen zu unterhalten, bevor die Abendveranstaltung anfing.

Am nächsten Tag ging er nach dem Mittagessen auf sie zu und sagte ihr, er würde gerne ihre Arbeit machen, damit sie mal in die Sonne gehen könne. Sie war sprachlos. Dass er ihr gestern geholfen hatte, war schon beeindruckend gewesen. Aber dass er gerade jetzt ihre Arbeit übernehmen wollte … Beim Mittagessen waren immer viele da und es herrschte großes Chaos. Wer nicht unbedingt helfen musste, machte sich aus dem Staube. Stattdessen stand er vor ihr mit diesem tollen Angebot und meinte das ernst. Etwas benommen reichte sie ihm ihre Schürze und ging nach draußen. Sie wusste, dass er im VIP-Zelt erwartet wurde. Dort standen kühle Getränke bereit, dort konnten sich die Referenten und Konferenzleiter in aller Ruhe zurückziehen. Und er … war ja der Hauptredner. Der in diesem Moment seine Botschaft mit seinen Taten unterstrich.

Umkleidet euch mit Demut im Umgang miteinander.

1. Petrus 5,5

Glückselig die Sanftmütigen

(Matthäus 5,5)

In den Jahren, in denen ich in Österreich lebte, lernte ich Noldi und Barbara kennen. Wir trafen uns öfters und hatten uns immer viel zu erzählen. Dabei stellte Noldi stets dieselbe Frage: „Was hat sich in letzter Zeit zwischen dir und deinem himmlischen Vater getan? Hast du Neues entdeckt, seine Stimme gehört?“

Ich war Anfang zwanzig, er Mitte fünfzig. Ich mochte ihn, trotz seiner direkten Frage. Eigentlich mochte ich diese Frage auch. Denn sie machte mich nachdenklich. Ich, die es leichter fand, für Gott zu rennen, als mit ihm zu wandeln, habe bei diesem Menschen gesehen, was es heißt, in Gemeinschaft mit Gott zu leben.

Ich lebte schon lange nicht mehr in Österreich, als Noldi ernsthafte Herzbeschwerden bekam. Als ich eines Tages in ihrer Gegend war und spontan bei ihnen vorbeischaute, traf ich sie nicht zu Hause an. Eine Nachbarin sagte mir, dass sie am Tag zuvor ins Krankenhaus gefahren waren, weil es Noldi nicht gut ging. So fuhr ich zum Spital, wo ich die beiden auf dem Gang der Pflegestation traf. Noldi hatte die Nacht dort (im Gang!) verbracht, weil alle Zimmer belegt waren. Zwar gab es noch freie Betten, doch die waren für Privatpatienten reserviert und nicht für die, die gesetzlich versichert waren.

Ich war entsetzt. Wie ungerecht, dass ein so kranker Mensch im Gang liegen musste! Und dann gerade Noldi, der so viel für andere getan hatte. Aufgeregt stürmte ich zum Verwaltungsbüro und beklagte mich über diese in meinen Augen unmögliche Behandlung. Erst, als man zusagte, Noldi in ein anständiges Zimmer zu bringen, kehrte ich zurück zum Gang, wo sein Bett stand.

Als ich mich vorsichtig auf die Bettkante setzte, sah mich Noldi zu meinem Erstaunen freudestrahlend an. Ohne zu wissen, was sich gerade im Verwaltungsbüro abgespielt hatte, sagte er: „Noor, ist das nicht fantastisch, dass man mein Bett hier auf den Gang gestellt hat?“ Ich riss meine Augen überrascht auf. Das konnte doch nicht wahr sein, ich traute meinen Ohren nicht! Als meine Reaktion ausblieb, sprach Noldi weiter. „Durch meine Herzbeschwerden habe ich schon lange nicht mehr tun können, was ich leidenschaftlich gerne tue: Menschen besuchen und ihnen von Jesus erzählen. Jetzt, in den letzten Tagen meines Lebens, schenkt mir Gott eine ausgezeichnete Gelegenheit, mit fremden Menschen über ihn und sein Evangelium ins Gespräch zu kommen. Hier, im Gang, kommen viele vorbei. Wenn mich Leute fragen, warum ich hier liege, erzähle ich ihnen, dass ich auf dem Weg in die Ewigkeit bin.“ Er lächelte. „In der Nacht haben mir einige, die bei einem Geliebten wachten, von ihrer Not erzählt. Unglaublich, wie offen Menschen manchmal sind! Und unfassbar, dass ich so frei mit ihnen über Jesus reden kann! Das ist wirklich ein strategischer Ort, den mir der Herr hier gegeben hat!“

Oft denke ich an diese meine letzte Begegnung mit Noldi zurück. Ich meinte, er habe das Recht auf ein anständiges Zimmer im Krankenhaus. Ich wollte einen Ehrenplatz für ihn! Er aber freute sich über sein Bett im Gang. Nicht weil das so angenehm war, sondern weil er dort Gott dienen konnte. Und den Menschen.

Ob ich nun wenig oder viel habe, ich habe gelernt,
mit jeder Situation fertig zu werden:
Ich kann einen vollen oder einen leeren Magen haben,
Überfluss erleben oder Mangel leiden.

Philipper 4,12; NLB

Die Frucht des Geistes ist …
Selbstbeherrschung

Spät am Abend legt sich ein Bauer nach einem langen Arbeitstag in seiner Getreidescheune hin. Die Gersten- und Weizenernte ist im vollen Gang. Der Bauer nimmt sich nicht einmal die Zeit, um nach Hause zu gehen, er bleibt nachts auf der Tenne.

Gerade hat er mit seinen Arbeitern gegessen und getrunken, sie haben angestoßen und die üppige Ernte gefeiert. Etwas benebelt sucht er seine Schlafstätte auf. Unwissend, dass er nicht alleine auf der Tenne ist, zieht er die Decke über sich und schläft ein. Er merkt nicht, als sich eine junge Frau an sein Fußende legt.

Zu Mitternacht schreckt der Mann auf, tastet um sich und entdeckt die Frau in seinem Bett. Es ist Rut, die Ausländerin, die vor einiger Zeit mit ihrer Schwiegermutter Noomi nach Bethlehem gekommen ist. Sie ist Boas schon aufgefallen. Beeindruckt von ihrem Wesen – ihrer Treue Noomi gegenüber, ihrem Fleiß beim Ährensammeln, ihrer Freundlichkeit – hat er nachgefragt, wer sie ist. Seinen Arbeitern hat er gesagt, dass sie sie nicht belästigen dürfen und extra Ähren für sie liegen lassen sollen.

Wir halten den Atem an. Was wird jetzt passieren? Da scheint sich eine junge, attraktive Frau anzubieten. Boas ist unverheiratet und er mag sie. Hier in der dunklen Scheune, ungesehen von allen anderen, liegt es nahe, ist es eigentlich logisch, dass …

Über die Zeit, in der Rut und Boas lebten, wird in der Bibel gesagt, dass „jeder tat, was recht war in seinen Augen“ (Richter 21,25). Oder: Jeder tat, was er mochte, wozu er Lust hatte. Nicht aber Boas. Oder Rut.

In der Scheune wird zu Mitternacht geredet. Boas segnet Rut und zeigt ihr seinen Respekt. „Du bist nicht den jungen Männern nachgelaufen …“, sagt er zu ihr. Dann folgt ein Heiratsantrag und die beiden legen sich wieder hin. Nicht zusammen, eng umschlungen, sondern so, wie es war: er auf seine Matte, sie an seinem Fußende. Früh am Morgen kehrt sie, ungesehen von Menschen, zurück zu ihrer Schwiegermutter. Boas macht sich auf den Weg, um die Formalitäten, die zu einer öffentlichen Trauung gehören, zu regeln. Einige Zeit später wird geheiratet.

Unser Gefühl ist stark genug, um uns mitzureißen.
Aber mit Gottes Geist in uns ist uns die Kraft gegeben, die wir brauchen,
um das Gute zu wählen und zu tun.

Grenzen setzen

Hollywood-Denken – so nennt der amerikanische Autor Richard Keyes die Überzeugung, dass Geld, Besitz und Erfolg glücklich machen. Ein „Jerusalem-Denken" dagegen ist von Jesus inspiriert und ist von ganz anderen Werten geprägt. Die eine Lebensart ist ausschweifend, die andere außergewöhnlich. Die eine zeichnet sich aus durch Extravaganz, die andere durch Klasse. Die eine sucht das Rampenlicht und fällt auf, die andere ist bescheiden und hat eine besondere Ausstrahlung.

Als Daniel als Teenie im Exil am babylonischen Hof einquartiert wurde für eine Ausbildung an der königlichen Akademie, landete er in einer dekadenten Welt. Er und seine drei jüdischen Mitstudenten wurden als Prinzen behandelt: Sie bekamen einen persönlichen Betreuer und sollten die Tafelkost des Königs serviert bekommen.

Der junge Daniel reagierte überraschend. Statt sich im Überfluss zu wälzen und sich das königliche Essen und den Wein gut schmecken zu lassen, zog er eine Grenze, die ihn Selbstbeherrschung gekostet haben muss: Er bat den Obersten der Hofbeamten um Gemüse und Wasser. Er wollte sich nicht unrein machen, heißt es in der Bibel (siehe Daniel 1). Ich denke, es war mehr als nur das. Daniel wollte sich nicht mitreißen lassen in das ausschweifende Leben, das am Hof normal zu sein schien. Er wollte nicht maßlos werden. Außerdem war er ohnehin zufrieden.

Daniels klare Entscheidung war seine persönliche Sache; sie wurde ihm von niemandem (auch nicht von Gott!) aufgezwungen. Eine Grenze zu setzen, tat ihm jedoch gut und bewahrte ihn vor extremen Zuständen. Als in späteren Jahren ein Gastmahl des (nächsten) Königs ausartete in eine gottlose, maßlose Schlemmerei, bei der die heiligen Gefäße aus Gottes Tempel missbraucht wurden, war Daniel nicht dabei. Doch er wurde hinzugezogen, als Gott in dieser Situation sein Urteil sprach. Man brauchte diesen weisen und bescheidenen Gottesmann.

Er wurde respektiert wegen seiner Ausgeglichenheit, Zuverlässigkeit und Treue. Wegen seiner Stabilität, Sanftmut und Selbstbeherrschung. Das alles hatte Gottes Geist in ihm gewirkt.

Wahrer Glaube und die Fähigkeit,
mit wenigem zufrieden zu sein,
sind tatsächlich ein großer Reichtum.

1. Timotheus 6,6; NLB

In der Welt zu sein, ohne von der Welt zu sein, ist nicht einfach.
Lassen Sie uns um eine klare Sicht zu bitten.
Oder, wie Paulus es sagt, um Erkenntnis und Einsicht,
„damit ihr prüft, worauf es ankommt".

(Philipper 1,10)

Heiliger *Schmuck*

Es ist nicht nur wichtig, wie wir leben, sondern ebenso (und vielleicht noch mehr), wer und wie wir sind. So wie ein Obstbaum von seinen Blüten und Früchten geschmückt wird, so möchte Gottes Geist auch uns schmücken. So wie Bäume in den verschiedenen Jahreszeiten eine wahre Augenweide sind, dürfen wir das als Gottes Kinder auch sein. Ob Mann oder Frau, ob alt oder jung, ob mit oder ohne Falten, ob gesund oder krank – Gott schmückt seine Kinder mit seinem Wesen.

Es ist ein Geschenk Gottes, wenn die himmlische Frucht allmählich in Menschen sichtbar wird. Wenn Gleichgültigkeit oder Lieblosigkeit der Liebe Platz machen; wenn „trotz allem“ ein Lächeln durchbricht; wenn Vertrauen wächst und Gottes Friede in unseren Herzen regiert; wenn Geduld immer mehr siegt über Ungeduld; wenn Freundlichkeit, Güte, Treue und Sanftmut sich zeigen und Selbstbeherrschung geübt wird.
Die schönsten Menschen sind die, die etwas von Gottes Wesen widerspiegeln.

Euer Schmuck sei nicht der äußerliche durch Flechten der Haare
oder Umhängen von Gold oder Anziehen von Kleidern,
sondern der verborgene Mensch des Herzens im unvergänglichen Schmuck
des sanften und stillen Geistes, der vor Gott sehr köstlich ist.

1. Petrus 3,3-4

Jesus ähnlicher werden

Es ist fast unfassbar, dass Gott für uns vorgesehen hat, dass wir trotz all unserer Beschränktheit (und all unserer Dummheiten) Jesus ähnlich werden. Von uns aus haben wir gar nichts, was auch nur einigermaßen dem nahekommt, was Jesus vorlebt. Trotzdem dürfen Christen durch ihre Liebe und Geduld auffallen. Durch die Tatsache, dass wir uns dafür entscheiden, den Weg des Friedens zu gehen, wenn Streit viel näher liegen würde. Durch unsere Freundlichkeit, wenn Bosheit durchaus verständlich wäre. Indem wir vergeben, statt zu hassen oder Rachegefühle zu hegen. Durch Wahrheit statt Lügen, durch Barmherzigkeit statt Verurteilung.

Es ist unser Auftrag, mutig (und in aller Unvollkommenheit) nach dem Guten zu streben und dabei immer wieder und ausdauernd um Gottes Hilfe zu bitten (und mit ihr zu rechnen). Er wird unsere guten Entscheidungen segnen und „das Wollen und das Vollbringen bewirken“, mit einem Ziel: dass Gottes Wesen in all seiner Vielseitigkeit und Vielfarbigkeit in seinen Kindern sichtbar wird.

Wer Gott ähnlich werden will, muss erkennen, dass er beschädigt ist.
Gott lädt uns ein, mit unserer persönlichen Lebensgeschichte zu ihm zu kommen.
Er kennt jede Seite dieser Geschichte und will sie mit uns durchblättern,
nicht verurteilend, sondern wiederherstellend und heilend.
Wo wir uns selbst ablehnen oder uns immer wieder beweisen wollen,
bietet er uns Vergebung und inneren Frieden an wie auch das Vertrauen, dass er uns erneuern kann.

Marleen Ramaker

Geschmückt für den Bräutigam

Es war in jüdischen Familien lange Zeit Brauch, dass ein junges Mädchen ein Stück Stoff geschenkt bekam, das schließlich Teil ihres Hochzeitskleids werden sollte. Jahrelang war dieses Mädchen immer wieder damit beschäftigt, diesen Stoff zu bearbeiten und mit Stickereien zu verschönern. Das alles, damit sie sich an ihrem Hochzeitstag als strahlende Braut mit ihrem prächtigen Kleid schmücken konnte.

Nicht immer wird das Mädchen eine Freude an dieser Arbeit gehabt haben. Ich kann mir vorstellen, dass sie öfters lieber gespielt hätte, als sticken zu müssen. Vielleicht gefiel ihr auch diese Handarbeit überhaupt nicht. Es wird vorgekommen sein, dass sie sich mit der Nadel verletzt oder Fehler gemacht hat, sodass sie ein Stück wieder auftrennen musste. Kurz gesagt: Hin und wieder werden Frustration und Tränen hochgekommen sein und der Stoff ist vielleicht manches Mal in die Ecke geschmissen worden. Und dennoch …
In dem Maße, wie diese Arbeit voranging, wurde das Mädchen immer geschickter und bekam mehr Spaß daran. Je näher der Termin ihrer Hochzeit rückte, umso schöner war ihr Kleid. Und umso größer ihre Freude und Erwartung.

Die Bibel bezeichnet die Gemeinde Christi als Jesu Braut. Wir sind dabei, jede und jeder für sich und auch gemeinsam, uns wie eine Braut für Jesus zu schmücken. Es sind die Eigenschaften Christi, die in unserem Leben immer deutlicher sichtbar werden. Gottes Geist macht aus Gottes Kindern schöne Menschen. Unser Kleid kann im Laufe der Jahre zu einem wunderschönen Hochzeitskleid werden, mit dem wir einmal vor unserem König erscheinen werden.

Wie eine *Braut* soll seine *Gemeinde* sein: schön und *makellos*,
ohne Flecken, *Falten* oder einen anderen *Fehler*,
weil sie allein *Christus* gehören soll.

Epheser 5,27; HFA

Zwei Bäume

In meinem Garten stehen zwei alte Bäume. Die Rinde des Flieders, die sich meine Nachbarskatzen leider zu ihrer Lieblingsnagelfeile auserkoren haben, ist ernsthaft beschädigt. Der zweite Baum ist auch nicht gerade unverletzt. Mit seinem knorrigen Stamm und Ästen erinnert er mich manchmal an eine alte, gebeugte Frau mit schmerzhaft geschwollenen Gelenken.

Wenn im Herbst und im Winter Regen und Hagel auf meine alten Bäume einprasseln, frage ich mich immer wieder, ob sie das überleben werden, und bezweifle, dass sie jemals wieder Blüten und Frucht tragen werden. Wenn aber der Frühling kommt, springen die Knospen auf und der Flieder ist in frisches grünes Laub gehüllt, während der alte Apfelbaum ein Meer von herrlichen, zartrosa Blüten trägt. Ich weiß dann, dass der Moment kommen wird, in dem sich die Äste biegen werden unter dem Gewicht der dunkelvioletten Fliederdolden und saftigen Äpfel. Jedes Jahr ist das wieder ein Fest – ein Wunder des Lebens und der Fülle.

Meine Bäume haben ein reiches, unsichtbares Innenleben. Wenn im Haus die Zentralheizung auf Hochtouren läuft, die Natur kein Lebenszeichen erkennen lässt und sie, entblößt von ihrem Blätterschmuck etwas nackt und verloren dastehen, wird in ihrem Innern schon die Blüte vorbereitet. Zunächst in aller Stille, während der Baum buchstäblich „ruht", weil sein Saftstrom stillgelegt worden ist. Dann aber, wenn die Erde aufwacht aus ihrem Winterschlaf, nehmen die Bäume die Nahrung auf, die sie zum Leben und Wachsen brauchen.

Das Schmelzwasser von Schnee und Eis, der frühe, milde Mairegen (und die erste Düngung) tun das Ihre dazu. Wie auch die zarten Sonnenstrahlen, denen die Bäume sich zuwenden, um sich an ihnen zu erwärmen.

Meine alten Bäume sind Lebenskünstler. Sie trotzen den Jahreszeiten, sie ertragen brennende Sonne ebenso wie stürmischen Wind, Sturm und Hagel. Während sie immer tiefer wurzeln, stehen sie fester und ihre Kraft nimmt im Laufe der Jahre nur zu. Trotz ihrer Krummheit und schadhaften Stellen, trotz ihres Alters bringen sie prächtige Blüten und reiche, zarte Frucht hervor.

Der Gerechte wird sprossen wie die Palme,
wie eine Zeder auf dem Libanon wird er emporwachsen.
Die gepflanzt sind im Haus des Herrn, werden grünen
in den Vorhöfen unseres Gottes.
Noch im Greisenalter gedeihen sie, sind sie saftvoll und grün,
um zu verkünden, dass der Herr gerecht ist.

Psalm 92,13-16